"*Pages actuelles*"
1914-1916

UN VILLAGE LORRAIN

Pendant les mois d'Août et Septembre 1914

Réméréville

PAR

C. BERLET

BLOUD et GAY, ÉDITEURS

7, PLACE SAINT-SULPICE, PARIS

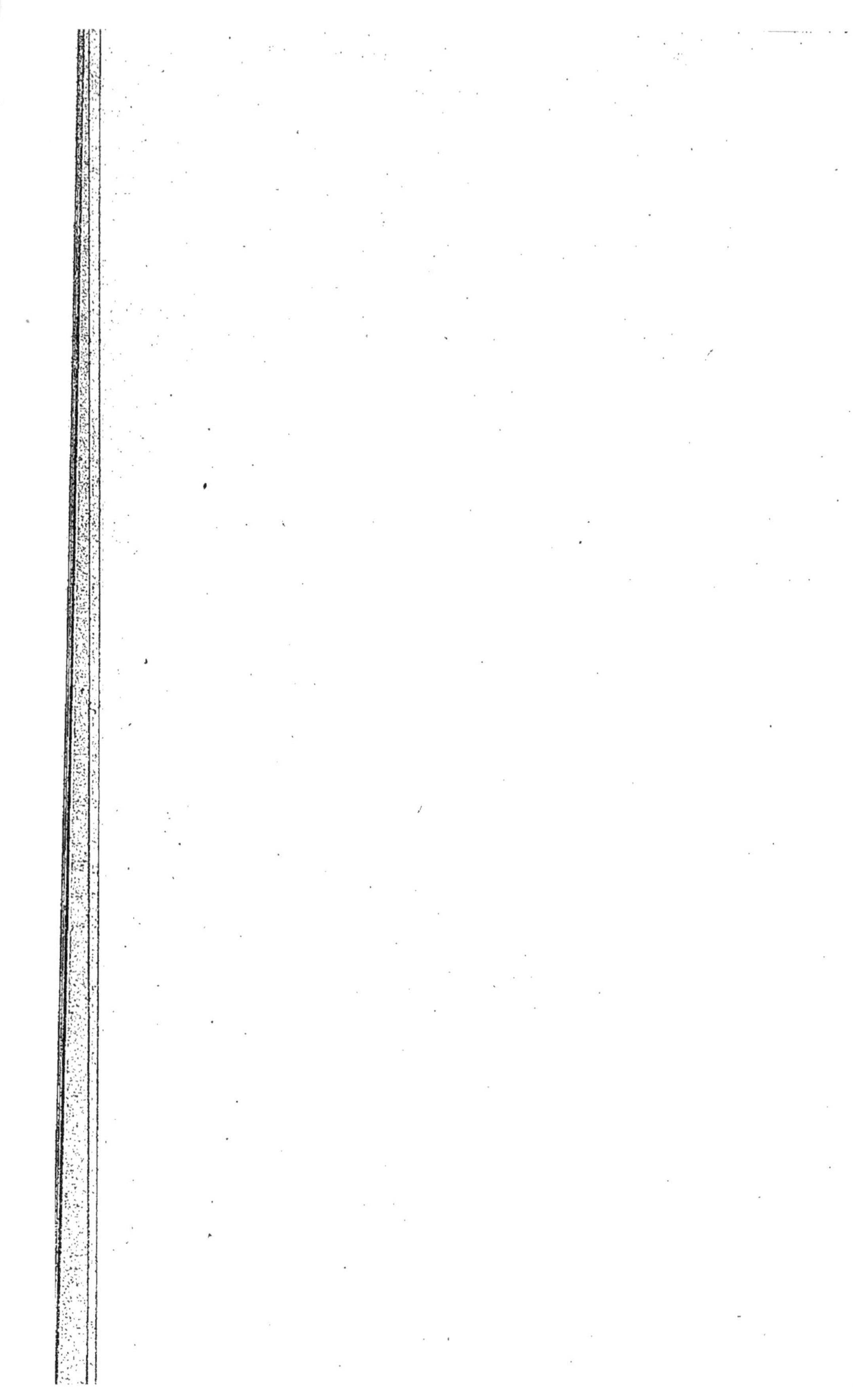

RÉMÉRÉVILLE

DU MÊME AUTEUR

**Les Provinces au XVIIIe siècle et leur division
en départements.** *Essai sur la formation de l'Unité
française.* 1 volume in-16 carré, 568 pages. Bloud,
éditeur. . . . . 6 francs.
(*Ouvrage couronné par l'Académie française.*)

RÉMÉRÉVILLE. — La Grand'Rue un jour de fête.

C. BERLET

UN VILLAGE LORRAIN

Pendant les mois d'Août et Septembre 1914

RÉMÉRÉVILLE

PARIS

LIBRAIRIE BLOUD ET GAY

7, PLACE SAINT-SULPICE, 7

1916

AVANT-PROPOS

Pendant la bataille du Grand Couronné, de nombreux villages lorrains, situés sur la ligne de feu, furent ensanglantés par le combat, détruits par les obus et brûlés par l'ennemi.

Voici l'histoire de l'un d'eux.

Le récit de ces journées a été fait d'après le témoignage des habitants eux-mêmes, qui n'ont abandonné leur maison que chassés par le feu ou contraints par l'envahisseur.

C. B.

Réméréville, septembre 1915.

UN VILLAGE LORRAIN

Pendant les mois d'Août et Septembre 1914.

RÉMÉRÉVILLE

Samedi 1er août.

Dans la nuit vers onze heures, un gendarme arrive au village en automobile. Il apporte les ordres d'appels individuels pour un certain nombre de réservistes. Le maire les fait distribuer. Des lumières s'allument aux fenêtres. La nuit est obscure. Dans l'ombre, le long des maisons, passent des silhouettes. Les mobilisés se hâtent, ils veulent être à leur poste avant le jour. La frontière est si proche ! La crainte de l'attaque brusquée est devenue depuis si longtemps une conviction !

Le village réveillé est à peine troublé par la rumeur du départ. On brusque les adieux sans oser dire le mot « au revoir ». Les larmes ne coulent pas. Leur source est trop profonde. Les yeux, devenus plus graves, gardent leur éclat énergique.

Une heure du matin sonne au clocher. Les derniers hommes partent. Ils emportent le « baluchon » qui contient les deux jours de vivres réglementaires. Les femmes restent encore longtemps sur le pas des portes à causer. Elles ont besoin de se grouper et de dire les paroles qui maintiennent leur émotion sur un ton ferme. Autour d'elles, curieux, attentifs, les enfants écoutent. Les vieux sont déjà rentrés au logis.

Toute la journée passent des troupeaux de vaches et de bœufs, des chevaux, des voitures de foin et d'avoine. Ils sont dirigés sur Nancy. Des autos rapides montées par des officiers traversent le village dans un nuage de poussière.

A quatre heures le téléphone annonce : « Extrême urgence. Ordre de mobilisation générale. Le premier jour de la mobilisation est le 2 août ».

Chacun s'y attendait. Il fallait bien que ce jour décisif arrivât. Elles duraient depuis trop longtemps, ces chicanes avec l'Allemagne. Dans la nuit, les hommes que n'appelait point un ordre individuel s'en vont.

Dimanche 2 août.

Le village est silencieux sous le soleil ardent. Dans les maisons la clameur joyeuse de la vie rurale s'est tue. A certains foyers la ferme reste seule avec les enfants. Les cloches sonnent la messe. A l'église, le côté droit, celui des hommes, est à peu près vide. Quelques vieux seulement. Le credo, les dimanches d'antan s'élevait puissant, enlevé par des voix fortes et mâles. Aujourd'hui seules quelques voix de femmes essaient de le chanter.

Le facteur n'est pas venu.

Les troupeaux de vaches et de chevaux continuent à passer. D'une maison à l'autre les femmes, les vieux, s'entretiennent longuement. Ils n'ont pas le goût au travail, mais plutôt de se réunir, d'échanger des impressions. Dans ces « couarails » [1] le cœur

---

1. Mot lorrain qui signifie réunion où l'on cause.

s'apaise, l'esprit se tourne vers l'action. Que sera demain ? Les blés sont si beaux cette année ! Il faudra les moissonner. Les bras manquent, mais on s'aidera entre voisins ; les femmes et les jeunes filles remplaceront les hommes dans le travail des champs.

Lundi 3 août.

A sept heures une patrouille du 12e dragons traverse le village. Elle installe un poste sur la route d'Erbéviller, à la dernière maison. L'arrivée des dragons donne confiance. Ils ont l'air si joyeux, si décidés !

Une ambulance sera installée au vieux château. Les jeunes filles se réunissent. Il s'agit de préparer rapidement les brancards, les drapeaux de la Croix-Rouge, les pansements.

Vers midi et demi un dragon traverse le village au galop.

Il crie : « Barricadez les rues, voici les uhlans ! » Grand émoi ! Des femmes aident les soldats à pousser les chariots, les herses, les charrues au travers des rues. En un instant les barricades sont dressées.

Le receveur buraliste, M. Barbesant, brise l'appareil téléphonique à coups de hache. C'est sa consigne en cas d'alerte.

Une grande heure se passe. On attend. Les uhlans sont arrêtés à la lisière de la forêt Saint-Paul. On les voit depuis le village. Ils sont vêtus de gris. Ils restent immobiles, en observation. Une trentaine environ. Ils ont franchi la Seille à Pettoncourt, traversé Moncel, Sornéville et se dirigeaient sur Erbéviller quand, à 1 200 mètres du village, ils se sont trouvés brusquement, à un coude de la route, face à une patrouille de six dragons conduits par le lieutenant Bruyant. Ils se sont alors portés vers le bois de Faulx. C'est de là qu'ils sont revenus en fourrageurs à travers les champs d'avoine jusqu'à la forêt Saint-Paul.

Voici qu'un homme revient à grands pas à travers les prés. Sa chemise est déchirée, son bras droit ensanglanté. C'est Jules Vigneron. Il moissonnait près du bois, quand deux cavaliers se sont précipités sur lui. L'un d'eux lui a porté un coup de lance. Vigneron s'est échappé en sautant une clôture en ronces artificielles que les uhlans n'ont pas osé franchir. Il a crié de toutes ses forces : « à moi les Français ! » et les deux cavaliers se sont enfuis.

Les dragons sont très excités. Ils veulent bondir vers cet ennemi insolent qui a franchi la frontière avant que la guerre fût déclarée. Le lieutenant Bruyant comprend leur impatience. Il donne l'ordre de monter à cheval et part, suivi de ses douze cavaliers.

Se glissant dans les vallons, se dissimulant derrière les haies, les dragons galopent vers le bois de Faulx, puis se rabattent vers la forêt Saint-Paul. Il s'agit de retrouver la trace des uhlans, de les suivre et de leur couper la retraite.

Les uhlans ont disparu dans la forêt. Mais une fusillade éclate et deux d'entre eux reviennent au galop. Envoyés en reconnaissance vers la route de Nancy, ils ont été reçus à coups de fusil par une section du 153e d'infanterie postée dans le fossé.

Le lieutenant Bruyant donne l'ordre à deux dragons de partir à leur poursuite. Mais tous les dragons sont impatients d'aborder l'ennemi. Chacun d'eux prend l'ordre pour lui et tous s'élancent, le cavalier Escoffier en tête.

Les deux uhlans sont entrés dans le bois. Escoffier les suit de près. Il va les atteindre quand, brusque-

RÉMÉRÉVILLE. — La Grand'Rue. État actuel.

ment, sur sa gauche, des hurlements retentissent ; à cent mètres de lui, dix cavaliers se précipitent la lance pointée, dévalant une pente à fond de train. A leur tête, debout sur ses étriers, le corps penché en avant, brandissant son sabre et hurlant, un officier géant s'élance. En arrière, en haut, de la crête, alignés, vingt uhlans demeurent immobiles. Ils seront les témoins impassibles du combat.

Sans hésiter Escoffier fait face à l'officier et lui porte un coup de lance. Le duel est engagé, à la manière des héros d'autrefois, entre le soldat français et l'officier allemand.

Le cheval du dragon est épuisé par la course, son élan est brisé, il faiblit. Escoffier doit s'arrêter, il s'appuie à gauche contre un arbre, de sa main droite il tient sa lance. Il reçoit ainsi les attaques furieuses de son adversaire. Celui-ci, dont le cheval souple et ardent bondit et volte avec aisance, galope autour du dragon et lui porte des coups violents. Escoffier les pare difficilement ; sa lance, arme d'attaque, lui est un embarras dans ce combat défensif. Il reçoit un coup sur les reins, sa carabine amortit le choc. Un autre coup, à demi paré, l'atteint au visage.

Pendant ce combat quelques dragons sont arrivés et se sont élancés sur les uhlans qui suivaient l'officier. Après un court engagement les Allemands font demi-tour ; l'un d'eux a été blessé par le maréchal-des-logis Postec et deux autres par le cavalier Bonnet.

Bonnet voit alors la situation critique d'Escoffier, il se tourne vers l'officier allemand et lui porte un coup de lance dans les reins. L'officier hésite un instant ; Escoffier met cet instant à profit, il abandonne sa lance, tire son sabre et donne à son adversaire un coup de pointe qui l'atteint au côté. A ce moment paraît,

arrivant au galop, le lieutenant Bruyant. L'officier allemand l'aperçoit; sans hésiter, il laisse les deux dragons et bondit, le sabre haut, dans un élan furieux,
vers l'officier français. Celui-ci lui porte un terrible
coup de sabre à la gorge. Mortellement frappé, le uhlan
vide les étriers et tombe à la renverse, les bras écar-
tés.

C'était le lieutenant Frédéric Dickman, du 14ᵉ régiment de uhlans, en garnison à Morhange. D'après les
papiers trouvés sur lui, il avait pour mission de reconnaître les régions de Saint-Nicolas et Lunéville, de
détruire sur son passage les fils téléphoniques et, si
possible, de faire sauter le pont de Varangéville.

Deux dragons avaient été blessés : Escoffier au
visage d'un coup de sabre et le maréchal-des-logis
Postec d'un coup de carabine au bras droit.

Les dragons rentrent au village en triomphateurs.
Ils portent à la pointe de leurs lances, en trophées,
les casques des vaincus. Le lieutenant Bruyant brandit
son sabre rouge de sang en criant : « C'est du sang de
Prussien ». Les habitants accourent, acclament les
soldats, leur apportent des fruits, du lait, du vin. Un
espoir ardent exalte tous les cœurs.

Postec n'est pas revenu avec ses camarades. Le
lieutenant Bruyant demande qu'on aille le chercher.
Deux cultivateurs, Émile Robin et Émile Lagrue,
prennent une voiture et partent.

Sur le lieu du combat le sol est foulé, il y a du
sang, des débris d'armes et d'équipement, un grand
corps étendu de tout son long. C'est celui du lieutenant
Dickman. Il vit encore. Il entr'ouvre les paupières et
lève le bras. Robin et Lagrue s'approchent, soulèvent
l'officier et le déposent dans la voiture. Ils reprennent
le chemin de Réméréville n'ayant pas trouvé le maré-

chal-des-logis Postec. Celui-ci avait pu revenir tout seul jusqu'à Cercueil.

En arrivant au village, dans la cour du vieux château, le lieutenant Dickman rend le dernier soupir. Son corps est déposé à la Mairie.

A la suite de cette alerte, une compagnie du 153ᵉ prend les avant-postes au delà de Réméréville.

Deux drapeaux de la Croix-Rouge sont placés au clocher de l'église, un à la mairie, un au vieux château. Que la Croix-Rouge protège notre village !

Mardi 4 août.

Toute la journée, des femmes, des enfants passent, escortés par des soldats ou des gendarmes. Ce sont les expulsés. Ils emportent un ballot, des effets ; quelques-uns poussent une petite voiture.

Un bataillon du 153ᵉ de Toul arrive. Il vient cantonner ici. Le village s'anime, s'emplit d'une rumeur joyeuse, la fumée bleue des foyers formés de deux pierres dressées, monte à travers les arbres des jardins et le long des maisons.

Vers midi un capitaine passe au galop en criant : « La guerre est déclarée. Vive la France ! » Cette parole excite l'enthousiasme de tous. Les plus enragés sont les réservistes aux longues moustaches. Gravement, l'un d'eux affirme : « Ma baïonnette sera rouge plus d'une fois ». Les jeunes, animés d'une ardeur insouciante, s'en vont vers la bataille, grisés un peu par le mirage de l'inconnu ; les pères de familles, eux, ont des raisons qu'ils affirment. Ils sont décidés à faire de la bonne besogne, pour en finir plus vite. Ils veulent rentrer bientôt au foyer que gardent la femme et les enfants. Chacun sent qu'il faut y aller de tout cœur.

Chacun a un grief à venger. « On te fera voir si la France est pourrie ! » dit un cuisinier en agitant sa cuiller. Chacun y va pour son compte.

Une infirmière de la Croix-Rouge, Mlle Jeanne Gassman, arrive pour aider à l'installation de l'ambulance. Il s'agit de trouver cinquante lits. Aussitôt, dans le village, c'est un remue-ménage. Chaque famille apporte ce qu'elle peut donner : lits, sommiers, matelas, plumons, couvertures, édredons, draps, vieux linge pour pansements. Dès le soir les cinquante lits sont dressés, prêts à recevoir les blessés.

· Mercredi 5 août.

De grand matin le cercueil du lieutenant Dickman a été porté au cimetière. M. le curé a mis une croix sur sa tombe.

Il est défendu de s'écarter du village, car des patrouilles de cavaliers ennemis sont signalées. On ne peut moissonner. C'est dommage. Les blés sont mûrs et cette année ils sont si beaux ! Dans les champs c'est la solitude, le vide. Une faucheuse-lieuse, arrêtée en plein travail, tient encore dans son râteau les épis moissonnés. Il faut des laissez-passer pour faire paître les bêtes dans les prairies toutes proches.

Le bataillon de chasseurs à pied de Saint-Nicolas traverse le village. Il défile crânement, avec une allure souple et rapide. Il y a là plusieurs jeunes gens de Réméréville. Ils sont heureux, impatients d'aller de l'avant. Quelle joie de jeter bas le poteau-frontière près duquel ils ont passé si souvent le cœur serré ! Ils crient : « Ne craignez rien, ils ne viendront pas ici ; nous allons les chercher en Prusse ! »

Les habitants joyeux apportent des mirabelles, des

prunes, les soldats les prennent, remercient et s'en vont en chantant.

Vers le soir, un Taube, noir comme un corbeau, vole au-dessus du village. Les soldats tirent sur lui sans l'atteindre.

Jeudi 6 août.

Nous apprenons la déclaration de guerre de l'Angleterre et l'héroïque résistance de Liège. Toute la journée des troupes passent. Nos hussards ont, paraît-il, franchi la frontière et occupé Vic et Moyen-Vic.

Deux chasseurs à pied légèrement atteints sont amenés à l'ambulance du vieux château. Ils ont été blessés dans un combat d'avant-garde, sur la Seille, près du pont de Salonnes. Ils sont fiers d'avoir franchi la frontière. Ils ont hâte d'être guéris pour repartir aussitôt. L'un d'eux déclare : « Cela m'est égal d'être blessé, j'ai déjà démoli trois Boches ». On entend le canon dans le lointain.

Le 39e d'artillerie de Toul vient cantonner à Réméréville. Les caissons roulent avec fracas sur le sol durci, les canons légers s'allongent sur leur affût. Les chevaux robustes, vêtus de harnachements neufs, enlèvent la charge avec aisance. La confiance de tous se fortifie à contempler ces canons dont les obus vont jeter la terreur chez l'ennemi.

Tous les soirs neuvaine au Sacré-Cœur. L'église est pleine de soldats. Tous chantent avec ardeur.

Vendredi 7 août.

Les troupes continuent à passer merveilleuses d'entrain. Le 153e est toujours ici.

Le service de l'ambulance s'organise. Quelques

2

femmes et la plupart des jeunes filles du village sont inscrites comme infirmières. Elles apprennent à faire des pansements. Quelques-unes sont désignées pour la lingerie et l'entretien des chambres. Les hommes s'exercent au métier de brancardier.

Samedi 8 août.

Des convois passent. De vieux cultivateurs conduisent leurs voitures réquisitionnées. Sur la terre sonore résonne le trot des chevaux que les artilleurs conduisent à l'abreuvoir. Dans les maisons, les troupiers vivent en famille avec l'habitant. Une même bonne humeur guerrière anime les paysans et les soldats.

Les autobus parisiens apportent la viande. Autour d'eux les troupiers rieurs s'assemblent : « On se croirait à Belleville, le dimanche », dit l'un d'eux.

Dimanche 9 août.

Victoire d'Altkirch ! entrée de nos troupes à Mulhouse ! Tout cela est si beau, que nous autres Lorrains méfiants, hésitons à croire ! Pourtant c'est une dépêche officielle qui annonce cette bonne nouvelle !

L'autorité militaire réquisitionne plusieurs campagnards avec chevaux et voitures. Ils vont faire des convois. Ils partent le soir même à Buissoncourt.

Il y a, paraît-il, beaucoup d'espions. Les gendarmes ont amené à la mairie deux d'entre eux, qui portaient le brassard de la Croix-Rouge.

Le 156ᵉ vient remplacer le 153ᵉ.

Les autos ne cessent de passer, soulevant des nuages de poussière.

Lundi 10 août.

Nos troupes sont entrées à Delme et Château-Salins. Quelle joie ! Il y a tant d'habitants de notre village qui ont des parents de l'autre côté de la Seille ! Un officier nous dit : « Nous avançons avec une rapidité étonnante. Dimanche prochain nous serons sous les murs de Metz ! »

L'interdiction d'aller dans les champs est levée. Enfin ! On va faire la moisson. Cela ne sera pas facile, car les hommes dans la force de l'âge sont partis. N'importe, avec de la bonne volonté on arrive toujours ! Les vieux chevaux sont attelés aux voitures, les gamins conduisent l'attelage. Les vieillards prennent la faux, et les femmes la faucille. Tout le monde se met à l'œuvre. L'un prête un cheval plus solide, l'autre une voiture. Les voisins s'entr'aident. Ils moissonnent ensemble les champs qui se touchent. De cette façon la besogne sera vite faite.

Mardi 11 août.

A sept heures, un homme de Bezange-la-Grande amène à l'ambulance un sous-officier allemand blessé. Une balle lui a traversé la gorge. Il ne peut parler. On le couche dans un bon lit. Pour remercier, il montre la photographie de sa mère, de sa sœur et de sa fiancée. Vers neuf heures une automobile de la Croix-Rouge vient le prendre et l'emporte à Nancy.

Mercredi 12 août.

Ce matin deux avions français planent longtemps au-dessus de nos bois et de nos champs. Vers midi ils descendent lentement et se posent dans une prairie tout près du village.

La moisson avance. Les faux et les faucilles attaquent la masse des blés, les gerbes s'entassent dans les champs. Les voitures lourdement chargées attendent devant les granges qu'on les décharge à la tombée du jour. Les soldats viennent gaiement donner un coup de main. La vie du village renaît. Les nouvelles sont toujours bonnes.

Jeudi 13 août.

Depuis hier le canon tonne dans la direction de Pont-à-Mousson et de Metz. Les coups, lointains, retentissent à intervalles réguliers, sans hâte. Il y a peut-être là-bas une grande bataille.

A l'ambulance quelques éclopés. La chaleur est accablante.

Vendredi 14 août.

A cinq heures du matin, le 37ᵉ, le régiment de Turenne et de Castelnau traverse le village. Il fait halte dans un pré sur la route de Hoéville. Il y a là quatre enfants de Réméréville. Tous les soldats sont joyeux à la pensée qu'ils franchiront la frontière aujourd'hui ! Quelle joie de briser la plaque de fonte sur laquelle s'étale l'aigle des Hohenzollern ! La marche est pénible sous le soleil ardent, mais il n'y a pas de traînards, tous sont impatients d'aborder l'ennemi au plus tôt.

Le canon tonne très fort vers Arracourt et Bezange pendant une partie de la journée.

Depuis mercredi, les Allemands bombardent Pont-à-Mousson ! Il y a des femmes et des enfants tués et blessés !

Vers dix heures du soir, les chasseurs à cheval de Lunéville viennent cantonner au village. Ils sont très animés. Ils ont fait des reconnaissances en Lorraine annexée. Certains d'entre eux sont encore dans l'excitation du combat.

Samedi 15 août.

Les chasseurs à cheval sont partis de grand matin. Il n'y a plus de soldats. Le village est silencieux. Un peu de tristesse dans les cœurs, en cette fête du 15 août. Il y a tant de places vides sur les bancs de l'église!... Parmi les absents, lesquels reviendront? Ce n'est plus l'allégresse des ans passés. Les hymnes liturgiques, chantés jadis à pleine voix par tous les hommes réunis ce jour-là, sont aujourd'hui l'humble supplication de ceux qui restent.

Le canon tonne souvent dans la direction d'Arracourt. Les voitures de ravitaillement ne cessent de passer. Sur les routes, de longs convois cheminent lentement dans la poussière.

Dimanche 16 août.

C'est immense le convoi qu'une armée traîne à sa suite! Depuis le matin les voitures de ravitaillement traversent le village. Elles sont pesamment chargées ; elles gémissent sous le poids, les essieux grincent. Le vacarme de toutes ces voitures roulant sur les routes sonores couvre les bruits du village.

Lundi 17 août.

La boucherie militaire vient s'installer à la sortie du village dans un champ, le long de la route de Courbessaux. Les bouchers abattent les bêtes dans une prairie.

Les hommes sont réquisitionnés pour enterrer les abats. Une âcre odeur de sang flotte dans l'air.

Des blessés arrivent à l'ambulance. Ils viennent de Château-Salins. Après un premier pansement, ils sont évacués sur Nancy. Les Allemands reculent. Ils s'enfuient devant nos baïonnettes. « Ils sont trop feignants pour nous attendre, dit l'un des blessés. Ils fichent le camp dès qu'ils nous voient. »

Mardi 18 août.

La moisson avance vite par ce beau soleil. Le blé est lourd cette année.

Un détachement de pontonniers traverse le village. De grandes nacelles en zinc sont chargées sur les voitures. « C'est pour passer le Rhin » explique un soldat.

Le canon tonne toute la journée dans la direction de Château-Salins.

Mercredi 19 août.

Des régiments passent. Ils vont vers Moncel. Les hommes chantent pleins d'entrain. La certitude de la victoire les anime. Ce sont des soldats du Bordelais, de la Guyenne et du pays basque. Malgré la chaleur et la poussière, ils portent allégrement leur sac. Les habitants du village leur donnent des fruits. Les soldats remercient joyeusement. Tout le monde est content de voir tant de belles troupes se hâter vers la frontière.

Les bouchers annoncent qu'ils partent demain. Ils s'installeront à Arracourt ; de là ils iront à Dieuze.

Jeudi 20 août.

La boucherie militaire est partie pour Arracourt ce matin. Le canon tonne très fort. Il semble plus rapproché aujourd'hui. On continue les travaux de la moisson.

Vers le soir les autobus chargés de viande reviennent à Réméréville sans avoir fait la distribution. Les voitures du matériel d'abattoir les suivent. Ce retour inquiète. Les bouchers expliquent qu'ils ont reçu contre-ordre à Arracourt. Ils ne savent pourquoi. A la tombée de la nuit un troupeau de deux cents bêtes à cornes, amené de la Lorraine annexée, traverse le village et s'en va par la route de Saint-Nicolas. Des voitures de ravitaillement passent nombreuses, venant de Hoéville. Les autobus de la boucherie militaire s'en vont aussi. Ce défilé vers l'arrière est de mauvais augure.

Toutefois les nouvelles sont toujours bonnes. Dans la journée des automobilistes venus de Nancy ont annoncé la reprise de Mulhouse et la capture de nombreux prisonniers.

Vendredi 21 août.

Toute la nuit des convois ont traversé le village. Ce roulement sourd de voitures lourdement chargées est angoissant.

De grand matin huit automobiles s'arrêtent dans la cour du château. Elles sont remplies de blessés. La plupart d'entre eux ont d'horribles blessures. Ils paraissent souffrir beaucoup. Ils sont terrorisés. Ils disent : « Nous sortons d'un enfer ! Nous ne savons pas comment nous avons échappé ! » Les infirmières les couchent dans de bons lits et leur donnent du bouillon et du thé. Les pauvres garçons se calment un peu.

Dans la matinée des soldats arrivent au village descendant de Vic et de Château-Salins. Ils marchent par petits groupes. Ils sont harassés de fatigue. Quelques-uns sont blessés. Tous ont faim et soif. Les uns cherchent leur régiment, d'autres, à bout de forces, supplient qu'on les laisse se reposer dans une grange avant de repartir. Certains paraissent découragés. Ils disent que notre armée a subi un échec à Morhange. Nos régiments s'étaient élancés à l'assaut, crânement, avec fougue, mais de tous côtés ils avaient été mitraillés. Des compagnies entières auraient été fauchées.

« Nous avons été pris comme dans un fer à cheval, dit l'un des blessés. Les balles et les obus tombaient dru. Nous en avons eu des camarades qui sont restés là-bas !... Et puis pas moyen de les voir ces cochons-là, qui nous tiraient dessus ! Ils étaient tous terrés dans des trous. Si on les avait dénichés, ils auraient pris quelque chose à la pointe de nos baïonnettes ! Mais pas moyen d'approcher. Ils jetaient trop de balles et d'obus ! Presque tous nos officiers ont été tués. Ils s'étaient lancés en avant de si bon cœur ! C'est ce qui nous décourage le plus. Qu'est-ce que vous voulez que nous fassions sans nos officiers ! Enfin, il faut espérer qu'en Belgique les Boches reçoivent la pile ! Ça ne peut pas être partout la même chose ! »

Les habitants du village interrogent anxieux : « Mais alors, les Prussiens vont venir ? » et les soldats répondent : « Oh ! non, ils sont encore loin. Et puis il y a encore beaucoup de nos régiments là-bas ».

Au commencement de l'après-midi plusieurs chariots amènent des blessés à l'ambulance. Ils sont conduits par des cultivateurs du pays annexé. Ceux-ci taciturnes disent qu'il y a eu une grande bataille entre Morhange et Sarrebourg ; mais n'en savent pas plus.

Ils meurent de faim et de soif ces pauvres blessés. Quelle pitié de les voir ! Les femmes du village s'empressent de faire du bouillon — heureusement une voiture à viande est encore là — du café, du thé.

Vers quatre heures arrive l'ordre d'évacuer tous les blessés sur Nancy. Les plus gravement atteints sont emportés par les voitures d'ambulance. Les autres s'en vont à pied, soutenus par leurs camarades; quelques-uns grimpent sur des voitures de ravitaillement ou des caissons à munitions. Mais on se désole de les voir ainsi secoués.

Toute l'après-midi des groupes de soldats traversent le village. Ils s'arrêtent dans les prés et cherchent à se rassembler. Il y a là des caporaux et des sergents, mais pas d'officiers.

Vers cinq heures la grande rue est envahie par les soldats qui défilent en rangs pressés. C'est un flot continu. Par les routes d'Hoéville et d'Erbéviller les colonnes débouchent sans arrêt et se rejoignent dans le village. C'est la retraite !

Toute la division de Toul recule. C'est une masse silencieuse. Les hommes ont fait une longue étape. Ils tendent le dos sous le sac. Certains traînent la jambe. Ils marchent quand même. Quelle tristesse de voir l'abattement de nos soldats qui, les jours derniers, arrivaient si joyeux. Des artilleurs doublent la colonne au grand trot. Certains attelages n'ont que deux chevaux, quelques avant-trains n'ont plus leur pièce. Il a fallu, paraît-il, les sacrifier pour protéger la retraite.

La nuit tombe, le défilé continue, sans hâte, dans la poussière, dans une rumeur sourde, lugubre. Pas un cri ! Parfois une halte courte, un à-coup dans la marche, puis de nouveau, la masse s'ébranle et repart.

A la croisée des rues, au centre du village, le général D... se tient debout. Il regarde défiler ses troupes. Il dit aux paysans qui l'entourent : « Je suis fier de mes soldats ; ils se sont bien battus ».

Voici que dans la colonne, au milieu des soldats, marchent des hommes, des femmes, des enfants ; ils portent de petits ballots, poussent devant eux une chèvre, une vache ; des voitures de paysans passent aussi ; sur les matelas et les sacs entassés des vieillards sont juchés. Ce sont les habitants de Sornéville. Ils fuient devant l'invasion. Des obus sont tombés sur leur village. Ils suivent les soldats. Ils ne savent où ils vont.

Consternés, les habitants de Réméréville regardent ce triste défilé. Ils demandent : « Faut-il partir ? Les Prussiens vont-ils venir chez nous ? » Les soldats répondent : « Soyez tranquilles ! Nous allons au repos. Nous reviendrons ensuite. N'ayez pas peur, deux corps d'armée sont là, derrière, pour vous protéger. Vous êtes bien gardés ».

Cependant, venu on ne sait d'où, le bruit court que des uhlans rôdent dans les bois.

Un officier passe à l'ambulance et dit : « Faites partir sur Nancy tous les blessés qui arriveront ». Une jeune fille infirmière, Alice Bastien, l'interroge : « Et nous, faut-il partir aussi ?

— Vous êtes de la Croix-Rouge, Mademoiselle ?

— Oui.

— Eh bien ! restez à couvert de la Croix-Rouge ! C'est la meilleure protection ! »

Cette parole dissipe les doutes. Les Allemands ne sont pas loin.

Les soldats continuent à passer pendant une partie de la nuit. Angoissés, les habitants restent sur le pas de leur porte, assis sur leur banc à regarder ce défilé. Vers deux heures du matin, c'est fini. Il n'y a plus que quelques retardataires. Ils circulent dans les rues à la recherche d'un abri. Chacun rentre dans sa maison.

On se jette tout habillé sur le lit. Au moindre bruit on se met aux écoutes, croyant entendre l'ennemi.

Samedi 22 août.

Le village est calme dans la lumière du soleil levant.— Après la rumeur de la journée précédente, ce silence impressionne. Les cloches sonnent en mort, ce matin ; on enterre un vieillard, le vannier, Joseph Chatton.

Quatre hussards arrivent. Ils font boire leurs chevaux à la fontaine. Ils disent que les Prussiens sont à Hoéville. Que faire ? Certains doutent encore. Ils se raccrochent à l'idée que deux corps d'armée ont remplacé les troupes battues à Morhange.

Deux soldats[1] du 69ᵉ remontent le village et prennent la route de Hoéville. Adrien Rousselot leur crie : « N'allez pas là-bas, les Prussiens y sont ! » Ils répondent : « Notre régiment s'y trouve, nous allons le rejoindre ».

Six heures sonnent au clocher de l'église. Tout à coup, des hurlements sauvages et une galopade effrénée retentissent dans la grande rue et, courbés sur leurs chevaux lancés au galop, la bride dans les dents, la lance d'une main, le revolver de l'autre, jetant des regards furieux de tous côtés, passent, comme un ouragan, six cavaliers vêtus de gris : ce sont des chevau-légers bavarois.

Epouvantés, les habitants s'enferment dans leur maison. Dix minutes après, de nouveaux hurlements et le vacarme effrayant d'une galopade. C'est une avalanche de deux cents cavaliers qui descendent la grande rue. Ils s'arrêtent en bas du village, dans la cour du château.

---

1. Ces deux hommes étaient vraisemblablement des espions revêtus d'uniformes français.

Tremblants, cachés derrière leurs volets clos, les habitants observent. Quelques coups de feu retentissent. Des cavaliers parcourent les rues et les ruelles au galop. Ils semblent très surexcités. Ils crient. Ils scrutent du regard les cours, les hangars ouverts. Ils menacent de la lance ou du revolver les maisons fermées.

Un bruit sourd, cadencé, de troupe en marche. Une colonne d'infanterie passe. Les hommes vont d'un pas allongé. Ils sifflent une mélopée monotone et triste qui scande leur marche. Une troupe arrive au pas gymnastique et disparaît au tournant de la route de Nancy. Le village est bientôt rempli de soldats. Des automobiles arrivent sans cesse, des officiers en descendent. Des cyclistes, des cavaliers partent de tous côtés. A la même heure, les colonnes allemandes débouchaient à Mazerulles, Erbéviller, Courbesseaux, Drouville, Maixe.

Voilà que les soldats se répandent dans le village. Ils frappent aux portes et les font sauter à coups de crosse lorsqu'elles résistent. Le plus simple est d'ouvrir. Ils pénètrent dans les maisons le revolver braqué ou la baïonnette menaçante. Pourtant il n'y a là que des femmes, des enfants et des vieillards. Ils ont l'air furieux et en même temps craintifs. Ils crient : « Y a-t-il soldats français ?... Tous fusillés. Village incendié. »

Ils parcourent l'écurie, les greniers, toutes les pièces, ils regardent dans les coins, ils ouvrent les armoires, ils enfoncent leurs baïonnettes dans les matelas. Et toujours ils frappent les murs avec la crosse de leurs fusils et de leurs bottes aux talons ferrés ils martèlent lourdement les planchers. Longtemps résonnera à nos oreilles le bruit des crosses contre les portes et des bottes sur le plancher !

Après avoir fouillé la maison ils viennent à la cuisine et là, brutalement, ils réclament : « Wein, Brod, Speck, Eie », beaucoup savent parler le français et disent : « Vin, pain, lard, œufs ». D'autres, pour demander des œufs, dessinent une poule, pour demander du lait, dessinent une vache. Il faut bien leur donner ce qu'ils exigent. D'ailleurs ils ouvrent eux-mêmes les armoires, fouillent dans le buffet et enlèvent les provisions. Mais ils sont méfiants. Il faut goûter avant eux aux aliments qu'ils emportent. Ils mangent voracement. Mordant à même dans la miche ou dans la bande de lard, ils arrachent le morceau avec les dents comme font les bêtes.

Près de la fontaine, au milieu du village, une troupe est arrêtée. L'officier crie devant les maisons fermées : « Monsieur ! Monsieur ! » Personne ne répond. Enfin il se décide, pénètre dans la demeure la plus proche et en fait sortir une jeune fille : Marie-Thérèse Guérin.

« — Pourquoi ne répondiez-vous pas ? » demande l'officier.

« — J'étais dans le jardin derrière.

« — Prenez ce verre et buvez. Si cette eau est empoisonnée, vous en répondez. »

La jeune fille prend l'eau à la fontaine et boit.

L'officier se tourne vers ses soldats et dit : « Es ist gut » ; puis il interroge :

« — Y a-t-il soldats français ici. Quand sont-ils passés ? Avaient-ils l'air découragé ? Peuvent-ils se battre encore ? Où ont-ils fait leurs retranchements ?

« — Nos soldats sont passés la nuit, répond la jeune fille, je n'ai donc pu juger de leur état. Quant à dire où ils sont allés se retrancher, je ne puis, n'étant pas sortie de la maison !

« — Ya, ya, reprend l'officier moqueur. Demoiselles françaises, malignes, malignes. »

Des soldats sont montés dans le clocher de l'église. On les voit en observation à la lucarne. Ils ont installé une mitrailleuse. Les aiguilles de l'horloge marquent à présent l'heure allemande.

Le bureau de tabac est mis à sec. Après avoir tout dévalisé, les soldats cherchent encore. Un sous-officier fouille la maison et déclare au receveur buraliste, M. Barbesant : « Si tabac trouvé, vous capout ».

Au café Adam, c'est un défilé continuel d'hommes réclamant du vin, de la bière, du champagne, des cigares. Un officier exige 200 cigares livrés de suite.

« Je ne les ai point » répond la fille du propriétaire, Lucie Adam.

« Menteuse ! Menteuse ! crie l'officier furieux ; « dans les cafés toujours beaucoup de cigares ».

Il braque son revolver sur la jeune fille et ajoute :

« Vous les donnerez ou je vous fais fusiller ».

Il va faire une perquisition dans la maison laissant Lucie Adam sous la garde de deux soldats, baïonnette au canon. Heureusement, un cultivateur, Nicolas Richard, qui sait l'allemand, intervient, explique la situation et calme l'officier.

Le curé, M. l'abbé Denis et l'adjoint Joseph Geoffroy sont arrêtés et conduits sous escorte au commandant des troupes. Celui-ci leur déclare : « Je commande qu'on ne tire pas sur les soldats. S'il y a quelque chose, village incendié. Grosse malheur comme à Dalhain. Vous êtes otages. Si fontaines empoisonnées, vous serez fusillés. »

Durant toute la journée les Allemands envahissent les maisons, furetant partout à la recherche de vivres, c'est un défilé continuel.

Des soldats s'installent dans les chambres pour manger. D'un ton glorieux ils disent : « Nancy deux jours. Paris huit jours. Danser Tango. Lunéville pris avec 20.000 soldats. Belfort avec 80.000. Anglais, Belges partout battus. »

Ce qui irrite le plus, c'est la commisération hypocrite de certains. Un officier dit à M. le Curé : « France très malheureuse pour avoir voulu la guerre. Nous plaignons les Français. Notre Empereur si bon, si pacifique ne voulait pas la guerre avec France. Russes bêtes sauvages à détruire. Anglais méchants ».

A l'ambulance il y a sept blessés allemands et deux Français. L'un d'eux est un hussard, blessé le matin dans une escarmouche avec les chevau-légers. Il était tombé dans un pré tout proche du village. Le soldat allemand qui l'a blessé a envoyé les infirmières le chercher. Il s'inquiète de son état. Il vient plusieurs fois demander de ses nouvelles. Il lui apporte du vin et des gâteaux.

Le hussard a la jambe cassée en plusieurs endroits. Les majors allemands lui proposent de réduire la fracture. Le hussard accepte. L'opération est faite le soir même avec le plus grand soin.

L'autorité militaire réquisitionne des vaches et des chevaux. Des bons de réquisition sont délivrés. Toutes les pelles, les bêches, les haches, les scies sont prises. Elles doivent servir probablement à faire des tranchées autour du village. On voit les soldats travailler dans les champs.

Durant cette journée le canon tonne du côté de Lunéville. Mais ici tout est calme.

Les Allemands ne cantonnent pas au village. Ils restent au dehors. Pendant une partie de la nuit, certains d'entre eux rôdent dans les rues, frappant aux portes, réclamant toujours du vin, du pain, du lard et de la paille pour se coucher.

Il faut mettre des lampes ou des bougies aux fenêtres.

Vers minuit, le calme se rétablit ; mais au moindre bruit chacun regarde par-dessous les portes avec l'espoir de voir les Allemands s'en aller.

Dimanche 23 août.

Dès l'aube le canon tonne furieusement vers Amance et Champenoux. Le son se répercute dans la forêt, renvoyé par l'écho. Dans les champs, les Allemands, gris comme la terre, se dissimulent dans les tranchées qu'ils ont creusées et derrière les gerbes d'avoine ou de blé.

Des patrouilles ne cessent de parcourir le village. Dans la cour du château des soldats sont étendus sur le sol, dans la poussière. Ils sont une centaine environ. Ils restent là, immobiles, toute la journée, sous un soleil torride.

Le drapeau de la Croix-Rouge qui flottait au clocher de l'église a été arraché.

Voici que de nouveau les soldats envahissent les maisons. La procession de la veille recommence. Le même refrain résonne à nos oreilles : « Wein, Brod, Speck », et toujours ces coups de crosse et ces coups de bottes !.... C'est à devenir fou !

Ils sont moins rudes qu'hier, les envahisseurs. Ils n'ont plus toujours le revolver braqué et la baïonnette menaçante. Mais ce ricanement odieux persiste quand ils disent : « France capout. Deux jours Nancy, huit jours Paris, danser Tango ». Ils rôdent dans les maisons, enlèvent ce qui leur convient : linge, papier à lettre,

RÉMÉRÉVILLE. — Un coin du village.

vivres. Beaucoup offrent de payer. Nous ne voulons pas accepter cet argent maudit. Il nous semble que l'accepter serait consentir un accord avec l'ennemi. Les pfennigs restent longtemps sur la table avant que la mère de famille se décide à les prendre et les jette dans un coin comme on se débarrasse d'objets qui gênent.

Ce matin il y a eu distribution de viande fraîche. Les vaches réquisitionnées hier ont été abattues et dépecées. Des soldats entrent dans les maisons pour prendre leur repas. Ils réclament du vin. Ils vont eux-mêmes le chercher à la cave. Ils mordent à pleines dents dans les morceaux de viande à peine cuite. Le sang coule de leurs lèvres. C'est horrible !

Un coup de feu retentit. Aussitôt les soldats courent de tous côtés le fusil à la main. Des officiers se précipitent chez l'adjoint Joseph Geoffroy.

« — Les habitants viennent de tirer sur nos troupes », lui dit un officier, le revolver au poing.

« — Je ne crois pas, répond l'adjoint, très calme, il n'y a personne ici pour tirer, mais on peut aller voir. »

Enfin tout s'explique. Une génisse, que les soldats voulaient tuer, avait été abattue d'un coup de feu chez Camille Jullier.

Vers midi, M. le curé se trouvait devant le café Adam. Il s'entretenait avec quelques habitants. Passe un officier à cheval. Il s'arrête et raide, solennel, interroge :

« — Monsieur le Pasteur, on a tiré sur nos troupes ici.

« — Non.

« — On a tiré.

« — Non.

« — Bien, je vous crois. »

On entend, au château, des cris, des chants, la musique d'un piano. La femme de l'appariteur du village, Anna Vigneron, s'approche de l'officier et lui dit en allemand :

« — Ils en font de belles, au château, vos soldats ! »

L'officier se tourne vers M. le Curé.

« — Venez avec moi. »

Les portes et les fenêtres du château sont ouvertes. Une bande joyeuse y est installée.

L'officier pousse un formidable « Heraus ! » suivi de cris gutturaux. Brusquement, le silence se fait. Honteux, les soldats défilent sous les apostrophes énergiques de leur chef, et disparaissent. Se tournant alors vers l'abbé Denis, l'officier allemand, du ton le plus simple du monde, lui dit : « Et maintenant, je vais voir s'il y a de l'eau-de-vie pour moi ! »

Vers le soir un long convoi descend le village. Il y a des voitures de toutes sortes, des fourgons militaires, des charrettes, des chariots de culture. Toutes ces voitures sont couvertes de poussière. Une lanterne est placée à l'avant de chacune d'elles. Le convoi s'arrête un instant. Puis des ordres sont jetés sur toute la ligne, les voitures font demi-tour et reprennent la route de Hoéville par où elles sont venues. Si seulement c'était le départ !

A neuf heures du soir, M. le Curé est arrêté. Il est accusé d'avoir fait des signaux lumineux. Vers la chute du jour, des lueurs ont été aperçues dans le clocher par les soldats qui se trouvaient autour du village. M. l'abbé Denis arraché de son presbytère est conduit sous escorte à l'église. Un lieutenant commande l'escorte. Il tient son revolver braqué sur le prêtre et lui crie : « En avant ! vite ! Je vous brûle la cervelle ! » Il le fait monter dans le clocher. Les soldats allemands sont à leur poste et disent n'avoir rien vu d'anormal.

Peut-être ont-ils allumé des bougies ? ou bien, comme il arrive souvent, le soleil couchant a-t-il illuminé de ses clartés les vitres de la lucarne ? Mystère.

L'officier est furieux. Il fait couper les cordes des cloches et le câble en fer qui retient les poids de l'horloge. Les poids tombent avec un fracas formidable. Il est dix heures moins le quart. Les aiguilles sont encore arrêtées sur cette heure-là.

Le lieutenant dit à M. le Curé :

« — Je vous donne un homme, vous frapperez à toutes les maisons du village et vous direz : défense de tirer; autrement vous serez fusillé et le village sera bombardé. »

Toujours cette hantise du franc-tireur que l'Etat-Major allemand a su inculquer aux soldats et aux officiers afin de justifier les crimes qu'il avait le dessein de commettre.

« — Je ne serai pas fusillé; répond l'abbé Denis, et le village ne sera pas bombardé. Ils sont fatigués. Pourquoi les tracasser ? »

« — Dans ce cas, vous êtes prisonnier. Vous viendrez coucher au corps de garde. »

C'est au café Adam, le corps de garde. Dans la grande salle, des soldats assis aux tables, boivent, mangent, écrivent. D'autres, étendus sur la paille, dorment.

Dans la salle voisine se tiennent les officiers : un colonel, deux capitaines d'infanterie, un capitaine de cuirassiers. Celui-ci semble comprendre l'angoisse des habitants de notre village. Il parle bien français. Il n'exige pas brutalement comme les autres, mais demande avec une grande politesse. Il montre la photographie de sa jeune femme. Il dit s'être marié le 10 août.

Tous ces officiers causent gaiement. Ils semblent bien ravitaillés. Cela fait mal d'entendre leurs rires.

Toute la nuit, les Allemands travaillent à leurs tranchées dans les champs. On les entend abattre des arbres dans les jardins.

Lundi 24 août.

Au milieu de la nuit un roulement sourd ébranle les maisons. Une colonne d'artillerie traverse le village au grand trot. Elle vient de la direction de Courbessaux.

Dès le matin grande animation parmi les soldats. Ils crient, ils se rassemblent. Les officiers qui sont restés cette nuit au café Adam montent à cheval. L'un d'eux dit à M. le Curé :

« — Vous voilà libre, mais vous ferez bien de rester là jusqu'au départ du bataillon. »

De petites colonnes d'infanterie passent; elles se dirigent à travers champs vers Hoéville, et le bois de Faulx. Serait-ce la délivrance ? On n'ose pas encore sortir. Des patrouilles d'infanterie circulent dans les rues. Des cavaliers rôdent. Ils ont l'air féroce et inquiet, comme le jour de l'arrivée. La lance est prête et le revolver sorti de sa gaine.

Chacun attend anxieux. On guette. On se signale les indices d'une retraite possible de l'envahisseur. Journée d'attente. Le canon tonne très fort du côté d'Amance et du côté de Dombasle.

Vers quatre heures, un uhlan arrive au galop et s'arrête dans la cour du château. Il est légèrement blessé à la tête. Il dit en riant : « Franzouse ! » Puis, montrant son casque et ses éperons, il cherche à savoir s'il y a d'autres cavaliers dans le village. Sur une réponse

négative, il part au galop à fond de train dans la direction d'Hoéville.

A peine a-t-il disparu que deux hussards français
débouchent au tournant de la grande rue. Quelques
infirmières sont dans la cour du château. Elles crient :
« Voilà les Français ! Bravo les hussards ! »

« — Où sont les Boches ? demandent les cavaliers.

« — Pas loin d'ici ; ils sont partis du côté d'Hoéville ;
ils sont nombreux ; faites attention. »

Les deux hussards remercient et partent au grand
trot. Quelques instants après une courte fusillade. Nos
hussards tirent sur des patrouilles.

Voici que des soldats à pantalons rouges passent au
pas gymnastique dans la grande rue, le fusil à la main,
l'œil aux aguets. Ils appartiennent au 125e de Poitiers.
Dans les champs, à droite et à gauche du village, une
longue ligne de tirailleurs s'avance. Un bourdonne-
ment de moteur dans le ciel bleu. Un avion français
vole au-dessus du village. De petits flocons blancs l'entourent : ce sont les éclatements des obus allemands.
Mais notre avion, dédaigneux, plane, et s'envole vers
les lignes ennemies.

Réméréville est délivré ! Quelle joie ! Que d'espoirs
dans tous les cœurs ! On voit les Allemands bousculés
et la victoire prochaine ! Les infirmières courent dire
la bonne nouvelle aux deux blessés français. Il y a
encore sept Allemands à l'ambulance. Ils sont très
effrayés.

Tout d'un coup une furieuse canonnade se déclanche.
Les canons français sont tout près du village, les obus
sifflent en passant dans l'air. Ils font au-dessus de nos
têtes comme une voûte sonore. Les canons allemands
répondent. Quel vacarme ! Les obus éclatent en faisant

de petits nuages gris ou blancs. Des shrapnells roulent sur les toits, cassent les tuiles, frappent les murs, avec un petit bruit sec. Les habitants restent sur le pas de leur porte pour voir passer nos soldats, mais ceux-ci leur disent : « Ne restez pas là; rentrez dans vos maisons, vous sortirez quand ils auront fini de bombarder. » La fusillade est très vive aux lisières du village, vers le bois de Faulx.

Vers cinq heures et demie un soldat arrive à l'ambulance poussant une brouette sur laquelle son lieutenant est étendu. C'est notre premier blessé. Une heure avant il était passé au vieux château et avait bu un bol de lait. Quelques autres blessés arrivent. A la tombée de la nuit, ils se succèdent plus nombreux. Bientôt tous les lits sont occupés. Les blessés arrivent toujours. On les place comme on peut sur les canapés, dans les fauteuils. On étend de la paille dans toutes les chambres du vieux château et de la Gaye. Ce sera un peu moins dur pour ces malheureux. Beaucoup sont atteints à la tête, aux bras, aux épaules. Certains souffrent atrocement. Heureusement les médecins-majors et les brancardiers du régiment sont là pour nous aider.

Le canon tonne toujours très fort. Il se tait vers huit heures. Mais la fusillade crépite et les mitrailleuses font leur tac, tac, tac régulier. Le combat semble très violent du côté d'Erbéviller. Des balles perdues viennent frapper les murs. Que se passe-t-il là-bas ? qui sera vainqueur ?

Peu à peu, vers neuf heures, la fusillade s'éteint. Quelques coups encore, puis le silence plane. La nuit est très obscure. Que de souffrances elle voile. Combien de malheureux agonisent dans nos champs, derrière nos haies, où ils ont cherché un refuge illusoire !

Toujours des blessés arrivent à l'ambulance. Il y en a du 125° et du 114°. Il y a aussi des Allemands.

Les blessés du 125° racontent qu'ils ont refoulé l'ennemi dans le bois de Faulx. Ceux du 114° racontent qu'ils ont attaqué le cimetière d'Erbéviller et que ce fut terrible. Les Allemands avaient organisé là une véritable redoute, entourée de fils de fer et d'abatis. Des mitrailleuses placées dans le clocher balayaient le terrain alentour. Nos soldats s'étaient élancés avec ardeur, mais étaient tombés dans les fils de fer qu'ils ne voyaient pas. Beaucoup avaient été fauchés par les mitrailleuses. Les officiers avaient crié : « Ralliement. Par ici le 114° ». Mais du côté allemand on avait crié aussi : « Par ici le 114° », pour attirer nos soldats dans les lignes et les massacrer.

Vers minuit les médecins militaires et les brancardiers s'en vont. Les pauvres blessés croient à un retour des Allemands. Ceux qui peuvent marcher partent déjà vers Cercueil. Les femmes et les jeunes filles du village restent seules. Chacune d'elles fait de son mieux pour adoucir les souffrances des malheureux qui gémissent. Mlle Gassman est admirable de calme et de dévouement.

Pendant toute la nuit les blessés arrivent.

Mardi 25 août.

Dès le matin, le canon tonne. C'est le nôtre. Les pièces sont en batterie dans les prés, derrière nos jardins. Les obus allemands sont moins nombreux que les nôtres. Quelques-uns tombent sur les maisons autour de l'Eglise. On se précipite dans les caves. Ceux qui ont des caves voûtées y donnent l'hospitalité à ceux qui n'en ont point. On s'habitue à ce concert formidable.

D'ailleurs les Allemands semblent viser surtout nos batteries. Les coups qui tombent sur le village sont peu nombreux. Ce sont les coups trop courts. Tout le monde est content d'entendre notre canon taper si fort. C'est une joie de voir nos soldats circuler dans les rues. Déjà les cuisiniers s'installent dans nos cuisines ou à l'abri derrière les maisons. Ils préparent la soupe qu'ils porteront à la tombée de la nuit aux camarades sur la ligne de feu.

Pendant toute la matinée les blessés passent, allant à l'ambulance. Certains marchent avec peine s'appuyant sur leur fusil ou à l'épaule d'un camarade. Ils disent que, sur le champ de bataille, ils sont nombreux ceux qui ne peuvent bouger et qui attendent des secours. Il faut aller les chercher. Aussitôt les infirmières confectionnent des brassards de la Croix-Rouge avec des bandes de toiles déchirées et des morceaux d'étoffe rouge coupés à de vieux édredons et à des pantalons de soldats.

Le combat s'apaise au commencement de l'après-midi. Des hommes, des jeunes gens partent avec des brancards improvisés pour relever les blessés. M. le Curé est déjà sur le champ de bataille, soignant et consolant les malheureux qui souffrent. Quelques femmes et jeunes filles vont porter de l'eau à ces malheureux. De tous côtés des gémissements : « à boire, à boire ».

Marie Derulle, sa fille, et deux autres jeunes filles, Lucienne Darnois et Augustine Voinier s'en vont sur la route d'Erbéviller. Elles emportent du sucre, un broc de lait, deux seaux d'eau. Dans les fossés de la route des blessés se sont traînés à l'abri des balles. Beaucoup ont des blessures aux jambes. Un lieutenant a la jambe cassée ; un lien de paille la maintient. Il souffre beaucoup. Il gémit : « Je meurs ! Du vin, du bouillon ! »

Partout des supplications : « A boire ! emmenez-nous ! »
Plus loin, dans les champs, dès qu'apparaît ce groupe
de femmes, des mouchoirs blancs s'agitent, des bras
se lèvent en signe d'appel. Pauvres malheureux qui
gisent là, sans nourriture, sans soins. Quand pourra-
t-on les relever tous ?

Augustine Voinier rentre au village et revient avec
un chariot attelé d'un cheval. Mais les Allemands ont
aperçu la voiture sur la route blanche de soleil. Les
balles sifflent. Il faut s'arrêter, s'abriter dans le fossé,
attendre la nuit.

Les soldats, aidés par les habitants du village,
relèvent les blessés et les transportent à l'ambulance.
Elles sont horribles les blessures de ces malheureux.
Des plaies à la poitrine, des jambes emportées, des
mâchoires fracassées, des bouches qui ne sont plus
qu'un trou sanglant d'où s'échappent des sons inarti-
culés. De la terre, des brins de paille se sont mêlés au
sang coagulé. Les vêtements collent sur les chairs
meurtries. Il faut tout couper : capotes, chemises, pour
découvrir les plaies, les laver, placer les compresses.
Et pas un médecin ! pas un infirmier ! Les femmes et les
jeunes filles du village sont seules pour soulager tant
de misères. L'infirmière de la Croix-Rouge, M{::}° Gassman,
organise avec énergie et sang-froid ; les familles Bastien, Adam, Camille Jullier, Auguste Venier, etc..., la
secondent avec le plus grand dévouement[1]. Un Alle-

---

1. Voici la liste des femmes et des jeunes filles du village qui
ont soigné les blessés pendant ces terribles journées : M{::}{::} Ba-
gnon, Bastien, Jullier, Humbert, Lambelin, Petit, Tailleur, Vau-
trin, Venier. M{::}{::} Lucie Adam, Gabrielle Barbesant, Alice Bastien,
Joséphine Durand, Mathilde Gobert, Marie Grosjean, Marie-Thérèse Guérin, Marthe et Alice Jullier, Marie Lagrue, Joséphine
Rousselot, Jeanne Venier, Marguerite Venier, Marie Voinier.

mand, brancardier, est resté volontairement. Il aide les infirmières.

Nos soldats se portent secours mutuellement. Les moins blessés s'efforcent de rendre service. Ils soignent leurs camarades plus atteints, leur apportent du bouillon, du thé, appliquent sur les blessures les pansements individuels. Tous montrent un beau courage. Quelques-uns, sitôt pansés, retournent sur la ligne de feu, emportant des seaux d'eau à leurs camarades qui souffrent de la soif après cette journée d'ardent soleil.

A chaque instant arrivent des blessés sur des brouettes, sur des brancards faits avec des branches croisées. Voici que des soldats apportent dans leurs bras un malheureux officier dont le corps est criblé de blessures des pieds à la tête. C'est le lieutenant Toussaint. Tombé sur le champ de bataille, il avait été frappé à coups de baïonnette par tous les Allemands qui passaient près de lui. Il respirait encore. Il est mort dans la nuit à l'ambulance.

Il y a des blessés dans toutes les chambres du vieux château et de la Gaye ; il y en a dans la grange, dans les écuries, dans la cour.

De tous côtés du sang, des corps étendus, des gémissements. La chaleur est étouffante. Elle rend plus pénibles les souffrances de ces malheureux. Il en est qui demandent en grâce un médecin, d'autres, pris de délire, supplient qu'on leur donne un revolver pour s'achever, d'autres, à bout de forces, gémissent. Et le regard angoissé de celui qui veut parler et qui ne peut articuler les sons ! Parfois l'on passe près d'un corps étendu inerte ; la peau du visage a un ton grisâtre : c'est un mort.

Les femmes et les jeunes filles s'efforcent de soulager tant de souffrances. Les médicaments, les anti-

septiques, le sucre, le thé manquent. Elles apportent
du lait, du bouillon, du café, préparé en grande hâte
dans leur maison. Inexpérimentées, craintives, elles se
sont mises à faire des pansements. Que leur cœur est
serré de ne pouvoir faire plus ! Quelle angoisse de voir
souffrir et d'être impuissant à soulager !

Le canon s'est tu. La nuit est calme. Dans le ciel
montent de grandes lueurs. A Drouville et Courbessaux
des maisons brûlent.

Mercredi 26 août.

De grand matin la canonnade reprend avec intensité.
La fusillade crépite très vive vers Hoéville et la ferme
de Sainte-Libaire. De grands cris, des hurlements
s'élèvent tout d'un coup. Cela dure un quart d'heure. Il
doit y avoir un combat à la baïonnette.

Enfin vers huit heures voici des médecins, des infir-
miers, des brancardiers ! Une salle d'opération est
organisée. Au vieux château, dans la cuisine, dans le
couloir, le sang coule. C'est comme un abattoir.

Des automobiles viennent chercher nos blessés. Quel
soulagement pour eux ! Enfin ils quittent cet enfer !
Dans cette cour, dans ces écuries, dans ces chambres,
ils ont tant souffert sous la menace constante des obus !

Il y a trente-quatre morts à l'ambulance. Ils sont
enterrés dans une grande fosse.

Dans l'après-midi, la bataille s'est apaisée. Les
hommes du village vont aider à la relève des blessés.
Il les transportent sur des brouettes. Adrien Rousselot,
Edmond Voinier et Georges Jullier partent avec une
voiture. Des Allemands tirent sur eux. Un brancardier
agite un mouchoir blanc et les Allemands cessent de
tirer. Que de malheureux gémissent : « à boire, à boire ! »
Il y en a qui ont arraché des betteraves pour les sucer.

Des femmes, Joséphine Voinier, Joséphine Rousselot, Gabrielle Barbesant, Marie Lagrue, Marie Humbert-Mouginet leur portent de l'eau. Un blessé allemand met en joue Joséphine Voinier qui vient de lui donner à boire. Avant qu'il ait pu tirer il est abattu par un de nos soldats. Jusqu'à une heure avancée de la nuit les brancardiers circulent sur le champ de bataille à la recherche des blessés.

Jeudi 27 août.

La bataille semble calmée. Quelques coups de canon. Parfois un obus éclate au-dessus des maisons. Les shrapnells font tomber les tuiles avec fracas. Cela fait plus de bruit que de mal.

Les soldats préparent gaiement la popote au village. Ils disent tous : « Vous n'avez plus rien à craindre. Nous sommes là. Ils ne reviendront plus. Mais rentrez dans vos maisons quand ils bombardent ».

Les chevaux d'artillerie vont boire tous les matins à la fontaine. Ils sont nombreux. Allons, confiance !

Des automobiles enlèvent les blessés arrivés pendant la nuit. Il faut nettoyer l'ambulance. Partout du sang, des vêtements en lambeaux, des débris d'équipement. Une odeur âcre prend à la gorge. Les infirmières et les brancardiers mettent les lits à l'air, lavent les chambres à grande eau et les désinfectent. Les capotes, les vestes, les chemises, les linges souillés qui traînent partout sont ramassés en tas. Il faut vingt-deux tombereaux pour les emporter. Les jeunes filles lavent le linge, et préparent les bandes pour pansements.

Il y a encore des blessés sur le champ de bataille. M. le Curé, avec un dévouement inlassable, sans songer au danger, parcourt les champs matin et soir. Il a sauvé ainsi bien des malheureux en les mettant à l'abri.

A la tombée de la nuit des brancardiers rentrent au village. Les Allemands ont tiré sur eux. Un officier demande à Marie-Thérèse Guérin de les accompagner. Peut-être les Allemands hésiteront-ils à tirer sur une femme! La jeune fille accepte. En voyant passer leurs sauveurs, les blessés appellent. L'un d'eux crie : « Camarades, camarades!

« — Êtes-vous français ?

« — Un peu, répond la voix. Je suis de Strasbourg ! »

Sur la route de Hoéville, vers le « poirier bise », quatre hommes se traînent sur le sol. C'est un lieutenant et trois sergents. Ils sont heureux d'être recueillis. Ils avaient si peur de rester inaperçus, confondus avec les malheureux qui gisent immobiles frappés à mort. Quelle angoisse pour ceux qui voient passer près d'eux le salut, et qui ne peuvent ni remuer, ni appeler.

Vendredi 28 août.

Toute la nuit les brancardiers ont parcouru les champs à la recherche des blessés. Ceux-ci, après un premier pansement à l'ambulance, sont aussitôt évacués sur Nancy.

Nos canons lancent leurs obus sur le bois de Faulx. C'est là que sont retranchés les Allemands. Ils ont, paraît-il, des pièces cachées dans les carrières. Nos tranchées passent à 600 mètres du bois. Nos soldats y travaillent comme de vrais terrassiers. C'est toujours le 125ᵉ qui est devant nous et, du côté d'Erbéviller, le 114ᵉ.

Samedi 29 août.

Le canon tonne, mais on n'y fait plus attention. Le village n'est pas atteint. Les obus passent au-dessus.

Dans la direction d'Arracourt on voit se balancer dans les airs un ballon captif allemand. Il a la forme d'un cigare.

Les corps de deux officiers [1] ont été relevés sur le champ de bataille et déposés à l'église.

Dimanche 30 août.

M. le Curé célèbre un service pour le repos de l'âme des soldats tombés sur le champ de bataille de Réméréville. Il fait donner quelques coups de cloche pour l'annoncer. Cette sonnerie met les Allemands en éveil. Pendant la messe leur artillerie tonne. Cette fois leurs coups sont dirigés sur le village. Un coup terrible ébranle notre église. Un obus est tombé dans un jardin tout proche. C'est la première fois que les obus font un tel vacarme. Cette messe des morts, sous le bombardement, est tragique. Il est difficile de se recueillir pour la prière. On offre à Dieu son angoisse et ses battements de cœur. Les cercueils des deux officiers sont près de l'autel, revêtus du drap mortuaire semé de larmes d'argent ; la lumière des cierges tremble sous la secousse des obus.

Les deux cercueils sont portés dans notre cimetière pour y être enterrés. Quelques officiers, quelques soldats, les femmes du village, les hommes qui sont restés forment le cortège. Le bombardement continue. Un obus tombe dans un champ ; il soulève une gerbe formidable de terre calcinée et projette au loin des débris de pierre et de ferraille. Nous n'avions pas encore vu tomber de tels obus. Ces « gros noirs » sont effrayants.

Dans le milieu de la journée une accalmie.

1. L'un des deux officiers était le capitaine de La Vallette.

Les soldats cuisiniers se promènent tranquillement dans le village.

Lundi 31 août.

Toujours le canon ! Toujours, au-dessus de nos têtes, ce sifflement dans l'air avant le fracas de l'éclatement. Un peu d'inquiétude parfois quand passe l'obus. Où celui-là tombera-t-il ?

Très peu de blessés depuis trois jours.

Les brancardiers enterrent les morts sur le champ de bataille. Des voitures transportent de la chaux et du chlore pour être jeté dans le fond des fosses.

Tous les soirs de grandes lueurs illuminent le ciel ; ce sont des meules, des fermes, ou des maisons qui brûlent.

Mardi 1ᵉʳ septembre.

Au milieu de la nuit les soldats se sont rassemblés en hâte et sont partis. Il y avait alerte. Inquiets, les habitants du village sont restés dehors, sur leur banc, attentifs au moindre bruit. Mais le calme n'a pas été troublé.

Dans la matinée, les voitures d'ambulance qui étaient dans la cour du château vont à Cercueil : « Nous sommes trop près de la ligne de feu », disent les conducteurs.

Le soir, vers six heures, les Allemands bombardent violemment. Les obus tombent tout près du village, les éclats ricochent sur les toits et contre les murs. Cela dure jusqu'à dix heures.

Les soldats sont toujours bien décidés. Ils disent : « C'est bon ! les Boches sont matés ! Ils n'osent plus sortir de leurs trous ! Nous les aurons bientôt ». Cette bonne humeur entretient notre confiance.

Mercredi 2 septembre.

Pendant la nuit des soldats traversent le village par petites colonnes. Se rappelant le défilé du 21 août, les habitants s'inquiètent. C'est le 125e qui s'en va au repos. Il est remplacé par le 360e de Toul et le 44e bataillon de chasseurs à pied.

Ce soir bombardement de six heures à dix heures comme hier. Le village est bien visé. Quelques obus tombent autour de l'église. Ce sont des « gros noirs ». Ils éclatent en frappant le sol. Le choc est terrible. Les maisons en sont ébranlées jusqu'aux fondations. A chaque explosion un nuage de poussière noire monte lentement dans le ciel. Les habitants se réfugient dans leurs caves.

Vers dix heures une fusillade éclate brusquement. Les mitrailleuses roulent sans arrêt. Quelques balles sifflent dans les rues. Elles font une musique qui inquiète. La balle, cette petite chose qui passe, sournoise, et qui tue en chantant semble plus terrible que l'obus. Le canon tonne très fort. Cela dure une heure environ.

Des blessés descendent à l'ambulance. Ils disent que les Allemands ont attaqué, mais qu'ils ont reçu une « bonne pile ».

Jeudi 3 septembre.

Journée calme. Quelques blessés sont pansés à l'ambulance et aussitôt évacués sur Nancy.

Il fait un beau soleil. Des soldats lavent leur linge à la fontaine, d'autres, assis le long des maisons, démontent leur fusil pièce par pièce pour le nettoyer, d'autres, installés dans un coin, écrivent leurs lettres.

RÉMÉRÉVILLE. — Les ruines de l'église.

Les cuisiniers font la popote de l'escouade. Les chevaux des artilleurs vont à l'abreuvoir au grand trot. C'est l'animation des grandes manœuvres. Toutefois, moins de cris, moins de bruit, plus de gravité dans les yeux.

Vers le soir le bombardement quotidien reprend. Les obus tombent partout, dans les champs, sur les bois, dans les jardins, sur les maisons. Du côté de l'église, des murs ont déjà été éventrés.

Vendredi 4 septembre.

Cette journée se déroule paisible. Pas un coup de canon. Pas un coup de fusil. Mais le soir à six heures, le bombardement commence plus violent, plus précis que les jours passés. Il durera jusqu'au lendemain matin neuf heures, sans arrêt. Pendant quinze heures, notre infortuné village est pris sous un ouragan de fer et de feu.

Les familles se réunissent dans les caves les plus vastes et les plus solides. Dans ces instants, où la terreur fait trembler, c'est un besoin impérieux, nous l'avons déjà noté, de se grouper, de rester en société.

Sans arrêt, les obus tombent, explosant avec fracas. Ce sont encore « des gros noirs ». Ils frappent le sol comme feraient de formidables coups de massue. Ils font jaillir, dans une lueur sinistre, un jet noir de terre calcinée, de balles et de morceaux d'acier tordus. Leur masse broie et pulvérise tout. Des pierres, des fenêtres, des tuiles roulent de tous côtés. Des murs s'écroulent. C'est un vacarme effrayant. Par le soupirail pénètre dans les caves une odeur de soufre et de poudre.

Au milieu de la nuit, des incendies s'allument.

L'église flambe comme une torche gigantesque. Autour d'elle montent les flammes des maisons voisines. Elles jettent sur tout le village d'horribles clartés. Vision d'enfer! Les poutres craquent, les toitures s'effondrent dans un jaillissement d'étincelles. Les bêtes restées à l'étable beuglent à la mort.

Notre artillerie est muette. Pourquoi? La fusillade est toute proche. On se bat aux lisières du village. Parfois des cris et le son rauque des trompettes allemandes arrivent jusqu'à nous. Il y a un combat à la baïonnette. Les balles sifflent dans les rues, frappent les volets et les portes, ricochent contre les murs, brisent les tuiles des toits. Le canon allemand tonne toujours, sans arrêt et le nôtre se tait. Quelle angoisse!

Dans leurs caves, les malheureux réfugiés prient en commun, récitent le chapelet à haute voix, invoquent Notre-Dame de Bonsecours qui, tant de fois, sauva la Lorraine. De temps en temps les enfants regardent par le soupirail. La nuit est claire, le ciel criblé d'étoiles. Évitant la clarté de la lune, des soldats se tiennent contre les murs des maisons. Ils attendent. Les réserves sans doute! Un officier arrive en courant : « Le Colonel? où est le Colonel? Nous manquons de cartouches ! »

Des blessés passent. On s'émeut toujours quand on voit des nôtres revenir en arrière. Les flammes des incendies réfléchies sur les maisons environnantes, dressent sur l'horizon un décor fantastique. Des gerbes de feu s'élèvent en crépitant dans le ciel. Notre moisson si belle, engrangée avec tant de soins, alimente l'ardent brasier.

Des appels ; une femme passe en criant. Son mari, le tailleur Gobert, souffrait d'une maladie de cœur. Il vient de mourir subitement dans l'effroi de ce bombardement terrible. Il est tombé dans son escalier. Sa femme affolée supplie qu'on vienne à son secours ! Mais voici que le feu prend à la maison ! Que faire ?

Toute la nuit, les obus s'abattent sur le village. A de certains moments il semble que la terre va s'entr'ouvrir sous la violence du choc.

Samedi 5 septembre.

Toujours les obus tombent ; ils ébranlent le sol, trouent les toitures, éventrent les murs. Pauvres vieilles maisons ! Voilà que tout s'écroule fracassé : armoires pleines de linge, lits robustes, fauteuils faits pour le repos des vieux ! Toutes nos richesses ! Tous nos souvenirs !

Ah ! Des obus sifflent. Ce sont les obus français ! Enfin ! Ils éclatent au delà du village, pas très loin de nos jardins. La fusillade s'est tue. Vers neuf heures la canonnade s'apaise, quelques coups encore, espacés à de longs intervalles. Les habitants se hasardent à sortir de leurs caves. Partout des pans de murs écroulés, des toitures éventrées ; certaines maisons ne sont plus qu'un brasier ardent. Le clocher de l'église s'est effondré.

Dans les rues, des pierres, des morceaux de bois à demi consumés, des cadavres. Quelques blessés se traînent. Ils se dirigent vers l'ambulance. Mais, là aussi, les obus ont frappé. Les murailles du vieux château sont trouées, les volets à demi brisés pendent lamentablement.

Il n'y a plus de soldats au village. Avant l'aube ils ont battu en retraite. Ils se sont retirés à travers champs pour éviter le nid à obus qu'était devenu Réméréville. Déjà s'avance la ligne grise des tirailleurs allemands. Mais elle s'arrête à 300 mètres du village.

Il faut partir, car supporter une nouvelle invasion est au-dessus de nos forces. Depuis plusieurs jours déjà les paquets sont préparés. La plupart des habitants partent à pied, poussant une brouette ou une petite voiture chargées des objets les plus précieux. Une jeune femme, Marie Simonin, accouchée depuis trois jours, s'enfuit portant dans ses bras son tout petit. Quelques-uns attellent en hâte des chevaux à une voiture. Mais, affolés par la lueur des incendies, énervés par la canonnade, les chevaux se cabrent. Il faut les calmer avec patience, malgré la hâte de fuir qui pousse chacun.

Combien de malheureux s'en vont n'ayant rien pu sauver de leur maison en flammes !

Vers midi des cavaliers allemands pénètrent dans le village en chantant ; puis des fantassins passent par petits groupes. Ils sont silencieux, las ; devant eux quelques habitants retardataires s'enfuient. Ils les laissent partir sans rien leur dire.

La nuit tombe. Au loin, l'horizon est en feu. Vers Amance les obus éclatent fulgurants, nombreux ; ce sont des boules de feu qui brillent, rapides comme l'éclair. De tous côtés d'immenses lueurs d'incendie illuminent le ciel constellé : Mazerulles, Erbéviller, la ferme de Sainte-Libaire, Courbessaux, Drouville, Maixe sont en flammes.

Ces lueurs sinistres tracent la ligne de bataille.

Des patrouilles circulent dans les rues. Au milieu de la nuit des soldats frappent aux volets des maisons, appelant :

« Monsieur le Maire. » Ils arrivent ainsi au milieu du village. Une voix répond :

« C'est moi », et le maire, M. Mouginet, ouvre sa porte. Un officier demande :

« — Y a-t-il encore des soldats français ?

« — Je ne sais pas. Je suis resté dans ma maison.

« — Sortez. Y a-t-il beaucoup d'hommes au village ?

« — Quelques vieux. C'est moi encore le plus valide, répond M. Mouginet qui a soixante-cinq ans.

« — Conduisez-moi chez eux. »

C'est dans l'horreur des incendies une lugubre tournée.

Devant l'église, l'officier s'arrête et dit :

« — Votre curé est parti. Il aurait dû être fusillé !... Où est le téléphone ? »

Ramassant les débris de fil qui traînent à terre, M. Mouginet les place entre les mains de l'officier :

« — Voilà ce qui en reste. »

— « Conduisez-nous sur la route de Hoéville. Passez devant. »

Arrivé à la sortie du village, l'officier dit :

— « C'est bien. Je vous remercie. Rentrez dans votre maison. »

Dimanche 6 septembre.

Nuit calme. Dans la matinée quelques Allemands viennent aux fontaines chercher de l'eau.

Vers deux heures de l'après-midi, violente cannonade. Les obus tombent de tous les côtés : obus français, obus allemands. Réméréville est le centre de la bataille. La fusillade crépite sur toute la ligne. Des cris « en avant », « en avant ! » Nos soldats montent en courant la grande rue. Ils atteignent les dernières maisons et repoussent les Allemands. La fusillade est plus vive, puis peu à peu l'apaisement se fait. Le canon lui-même se tait. Deux ou trois familles profitent de cette accalmie pour se sauver.

Les obus ont allumé l'incendie à de nouvelles maisons. Des pans de murs s'écroulent avec la charpente.

La femme du maréchal ferrant, Marie Lambelin, est écrasée sous un éboulement. Son mari la cherche en vain au milieu des décombres.

Vers le soir, nos soldats reculent, les Allemands de nouveau entrent dans le village ; ils circulent par petits groupes dans les rues, pénètrent dans les maisons, jettent dehors le linge, les matelas, les portes qu'ils ont arrachées. Ce sont les incendiaires. Derrière eux, la flamme crépite et avec une rapidité effrayante enveloppe toute la maison. Ils vont de maison en maison accomplir l'œuvre de destruction.

Ils arrosent les planchers de pétrole, ils pratiquent des ouvertures dans les toits des granges pour faire le courant d'air qui activera l'incendie ; puis ils mettent le feu aux gerbes de blé avec des torches, et lancent par les fenêtres de petits sachets contenant des pastilles grises ; aussitôt de petites boules de feu courent, sans bruit, rapides comme l'éclair, et tout s'embrase en un instant.

Il y a encore au village quelques très vieux. Ils ont obstinément refusé de quitter l'habitation familiale. Ils y ont vécu de si longues années qu'il leur semble impossible de vivre ailleurs. Et puis c'est leur seul bien, cette maison où chaque soir ils viennent au repos après la journée de dur labeur. Nulle part ils ne pourront la retrouver cette vieille demeure dont ils savent tous les coins. Et ces très vieux sont restés ; ils ont fait partir leurs filles, leur bru et les petits enfants. Ils sont restés, car il faut bien soigner les bêtes et garder le foyer.

Mais les incendiaires sont entrés dans les maisons et chassent les vieillards inoffensifs et résignés.

Le père L'Huillier, un vieillard de 75 ans, qui a fait les campagnes d'Algérie, s'efforce d'attendrir ses bourreaux. Ceux-ci ont exigé de l'eau-de-vie ; en leur versant à boire, le pauvre homme se prend à espérer et ne cesse de dire : « N'est-ce pas, vous n'allez pas la brûler, ma maison ? » Mais après avoir bu, les incendiaires le poussent dehors, et le vieux, cassé en deux par le travail quotidien, s'en va ; déjà les flammes s'échappent des fenêtres et montent le long des murs.

Les vieux Cuny n'ont pas quitté leur toit. Le père Cuny s'est jeté sur son lit tout habillé. Les Allemands rôdent dans la chambre, dans le couloir, emportent le linge et les meubles. Le père Cuny n'y fait pas attention. Résigné, calme, il attend. Tout à coup sa femme l'appelle : « Le feu est chez nous ! Le feu est chez nous ; il faut nous sauver ! » Déjà, en, effet dans le grenier, la paille brûle et les pauvres vieux se sauvent à grand'peine, avec une voisine, Clotilde Robin (92 ans) qu'ils ont recueillie. Tous les trois ils errent dans les champs pendant la nuit. Partout des soldats allemands, couchés le long des fossés et dans les tranchées. Quelques-uns montrant le village en feu disent : « Dames françaises tiré. Village brûlé ».

Les trois vieux reviennent près de leur maison en flammes et, cachés derrière une haie, ils attendent. Leur chambre à four est un peu à l'écart. Avec anxiété ils suivent la marche du feu, si la flamme ne l'atteint pas, ils auront là du moins un abri.

Le village est une fournaise dont les flammes montent haut dans le ciel. Quelques maisons sont encore intactes. Seront-elles sauvées ?

Lundi 7 septembre.

Les incendiaires sont revenus de grand matin. Dans la maison Guérin, encore debout, plusieurs vieillards, dont une femme paralysée, se sont réfugiés. Ils en sont expulsés. La maison flambe.

Le maréchal ferrant, Jules Lambelin, 72 ans, Charles Humbert, 76 ans, et Hipolyte Chenique, 70 ans, sont conduits à Hoéville comme otages.

Les Allemands veulent emmener aussi le père Lahaxe. Mais celui-ci peut à peine marcher. Il obtient de rester. Il demande :

« — Pourquoi incendiez-vous le village ?

« — Les civils ont empêché nos soldats « d'arriver » et le Curé a fait des signaux au clocher. »

Prétextes machinés à l'avance pour excuser leur crime !

*
* *

Le 8, le 9 et le 10 septembre les Allemands occupent Réméréville. C'est le centre où se ravitaillent les troupes qui se battent dans la forêt Saint-Paul, vers le château de Rémémont et dans le bois de Buissoncourt. Chaque jour les obus français tombent sur le village.

Des 390 habitants qui étaient à Réméréville avant ces terribles journées, il ne reste que quelques vieillards. Les Cuny et Clotilde Robin vivent cachés dans leur chambre à four. Les autres, terrorisés, errent autour de leurs maisons que le feu consume ; ils s'abritent dans les hangars à demi détruits ou dans les porcheries que l'incendie n'a pas atteintes ; ils se nourrissent de pommes de terre arrachées dans les jardins.

Une vieille fille, Marie Lahaxe, est fusillée par les Allemands. Pourquoi ? Le père Pariset meurt près de sa demeure en feu. Une vieille femme appelée « la Française » périt dans les flammes. La mère Zabel, rudoyée par les soldats, reste inanimée dans le coin où ses bourreaux l'ont traînée.

*
* *

Le 10, à la tombée de la nuit, nouvelle et violente bataille. De Paris aux Vosges, le sort de la guerre se décide.

Le 11, les Allemands battent en retraite, impuissants à conquérir le Grand-Couronné.

Le 13, l'autorité militaire délivre des sauf-conduits pour Réméréville. Les habitants réfugiés à Nancy partent aussitôt pour leur village.

Dès la lisière de la forêt Saint-Paul, à perte de vue, dans les champs, des cadavres sont étendus, cadavres français, cadavres allemands. De ce charnier monte une odeur fétide. Le sol est bouleversé par les obus. Partout des fusils brisés, des baïonnettes tordues, des vêtements couverts de sang, des sacs déchiquetés.

Que reste-t-il du village ? Autour de l'église en ruines, les maisons brûlées achèvent de se consumer. Leurs murs à demi écroulés se dressent vers le ciel. Parmi les décombres fumants, des corps d'animaux carbonisés. Dans les rues et les jardins pêle-mêle avec les armes fracassées et les équipements rompus, des cadavres de soldats et des cadavres d'animaux tués par les balles et les obus.

Cent six maisons ont été incendiées. Sept se sont effondrées sous le bombardement. Les deux châteaux, le chalet et une dizaine de maisons sont encore debout, malgré les obus qui ont troué leurs murs. Les Allemands les avaient conservés pour eux. Mais dans quel état les ont-ils laissés ! Pillés, souillés, odieusement profanés !

*
* *

Beau et riche village, Réméréville n'est plus que ruines ! Il y a trois siècles, pendant la guerre de Trente ans, il avait été détruit par les viles bandes du duc de Saxe-Weimar. Alors déjà, l'église et les maisons avaient été brûlées. Les habitants s'étaient enfuis dans les bois. A leur retour, ils avaient su, parmi les ruines, trouver un abri et, lentement, par un effort continu reconstruire leur foyer.

Énergiques et tenaces comme leurs ancêtres, les paysans lorrains de 1914 sauront rééditier la vieille demeure. Combien déjà sont revenus, qui se sont créé un asile dans les décombres ! Sous le bombardement qui menace toujours, ils attendent, patients. L'espérance est plus forte que leur souffrance. Ils travaillent à réparer le désastre, tandis que leurs fils, dans les tranchées, combattent pour se venger du barbare.

Un jour viendra où, comme jadis, à la pointe de nos clochers redressés, la Croix élèvera vers le ciel le coq gaulois et, où, groupés autour de l'église, les toits rouges des maisons restaurées seront au milieu de nos champs le juste orgueil de ceux qui auront su comprendre l'enseignement des croix blanches qui dominent leurs moissons.

APPENDICE

Extrait du Carnet de route du Capitaine d'Artillerie Hermann,
Commandant |la 1ʳᵒ batterie de réserve, 40ᵒ Régiment d'Ar-
tillerie de campagne, 4ᵒ Corps d'Armée (Bavarois).

21 août soir. — Réveil à 3 heures, départ à 3 h. 45 vers
Vannecourt. Pris position au delà à 4 heures du soir.
Entre temps, Dalhain est mis en feu et saccagé, car le
curé avait frappé le général de brigade dans le dos. Des
coups de feu avaient été tirés sur nos troupes du haut du
clocher par des Français. De grandes colonnes de fumée
qui présagent la ruine.....

Samedi 22. — Nous devions partir à 7 heures mais nous
avons attendu jusqu'à 10 heures pour mettre de l'ordre
dans la troupe, nous avons passé à Burlioncourt, Ham-
pont, Morville, Moyenvic, avons passé la frontière en
poussant des hurrah ! Ensuite par Arracourt à 9 h. 30,
bivouac à Valhey. Avons bu du vin et mangé. N'avions
rien dans le ventre de toute la journée — 12 heures de
marche, une fatigue terrible. En chemin j'ai vu le premier français dans un vignoble. Le soir nous avons
encore fait brûler 2 villages : Maixe et ? car les habitants avaient tiré sur nos troupes. Bivouac froid et désagréable, avons consommé notre première portion de
vivres de réserve. 3 heures seulement de sommeil.

23 août. — Nous devons être réveillés à 2 heures du
matin. Tout le monde est transi. Pas de café, pas un seul
morceau à manger. Nuit noire, maintenant la guerre

commence à devenir désagréable. Humidité, froid. On fait comme on peut pour le boire et le manger. Nous passons par Serres. Nous avons pris position près de Drouville à ce qu'il me semble, nous avons un combat aujourd'hui.

Cela ne s'est pas produit cependant. Nous allons bivouaquer à Réméréville. Je suis allé dans le village pour réquisitionner. J'ai trouvé 5 œufs et un officier de cuirassiers avec lequel je suis allé dans le château. Nous avons cambriolé la cave et trouvé là 8 hectos de vin qui furent immédiatement distribués à la troupe, un très bon vin rouge. Je place une sentinelle à côté pour qu'on ne s'enivre pas. Dans le château des chambres superbes, des meubles, des peintures à l'huile, de la porcelaine, mais un grand désordre. J'ai joué un air sur le piano. Ensuite au bivouac une jouissance grandiose. Je n'avais pas pu me laver depuis trois jours, ni changer de linge et me raser depuis 8 jours. Tout à coup comme une des joues était faite arrive l'ordre de partir. Il faut courir à l'aide de la 9ᵉ division. En toute hâte on fait les paquets, 2 œufs avec du pain, on a amené les avant-trains devant la cour, avons fort mal dormi sous la tente. D'ailleurs les officiers sont jusqu'ici fort mal soignés. C'est maintenant qu'on apprend à travailler chacun pour soi. Les bagages arrivent toujours trop tard. Aujourd'hui par exemple. je n'ai eu ma cantine que pendant une demi-heure. J'ai dû finir ma toilette en plein air.

Extrait du Carnet de route du Capitaine d'Artillerie Metzler, Commandant la 4ᵐᵒ batterie d'Artillerie lourde.

9 septembre, 5 heures du soir. — La 4ᵉ batterie a reçu la mission de prendre position à l'ouest de Réméréville pour bombarder Nancy. Toutes les mesures nécessaires pour un départ de nuit sont prises. La direction du tir est déterminée au moyen de la boussole. L'exploration du terrain en vue de reconnaître les chemins à suivre et l'emplacement du tir a lieu sans retard. A 8 heures du soir, nous quittons notre position précédente avec la voiture d'observation, 2 pièces, 4 voitures de munitions et de matériel. A 11 heures la batterie est placée, prête à faire feu. A 12 h. 10 le feu est ouvert et dure jusqu'à 1 h. 50 du matin. 67 obus ont été tirés, plus 14 shrapnells. A 2 heures, retraite et retour à la position précédente. A 5 heures, de nouveau en batterie, prêts à faire feu.

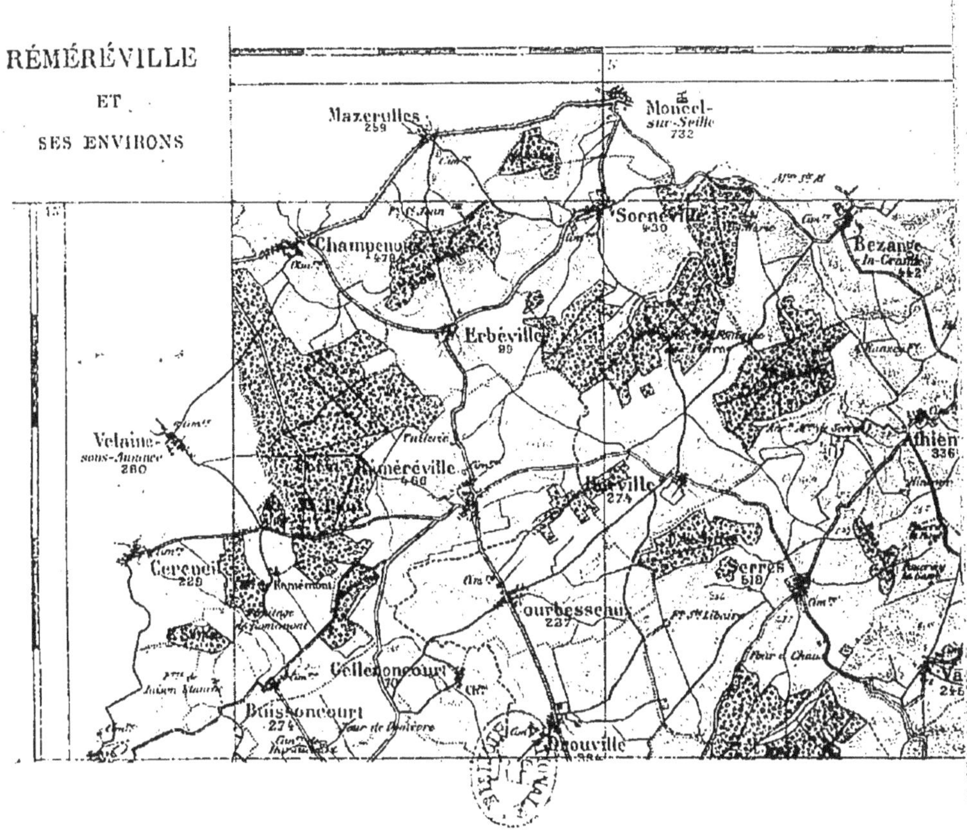

RÉMÉRÉVILLE
ET
SES ENVIRONS
Mazerulles
259
Moncel-
sur-Seille
732
Champenoux
470
Sornéville
430
Bezange-
la-Grande
442
Erbéville
99
Velaine-
sous-Amance
260
Réméréville
460
Hoéville
274
Athienville
336
Cerenville
229
Serres
510
Courbesseaux
237
Collenoncourt
70
Buissoncourt
274
Drouville

ÉVREUX, IMPRIMERIE CH. HÉRISSEY

www.ingramcontent.com/pod-product-compliance
Lightning Source LLC
Chambersburg PA
CBHW061259060726
47596CB00002B/664